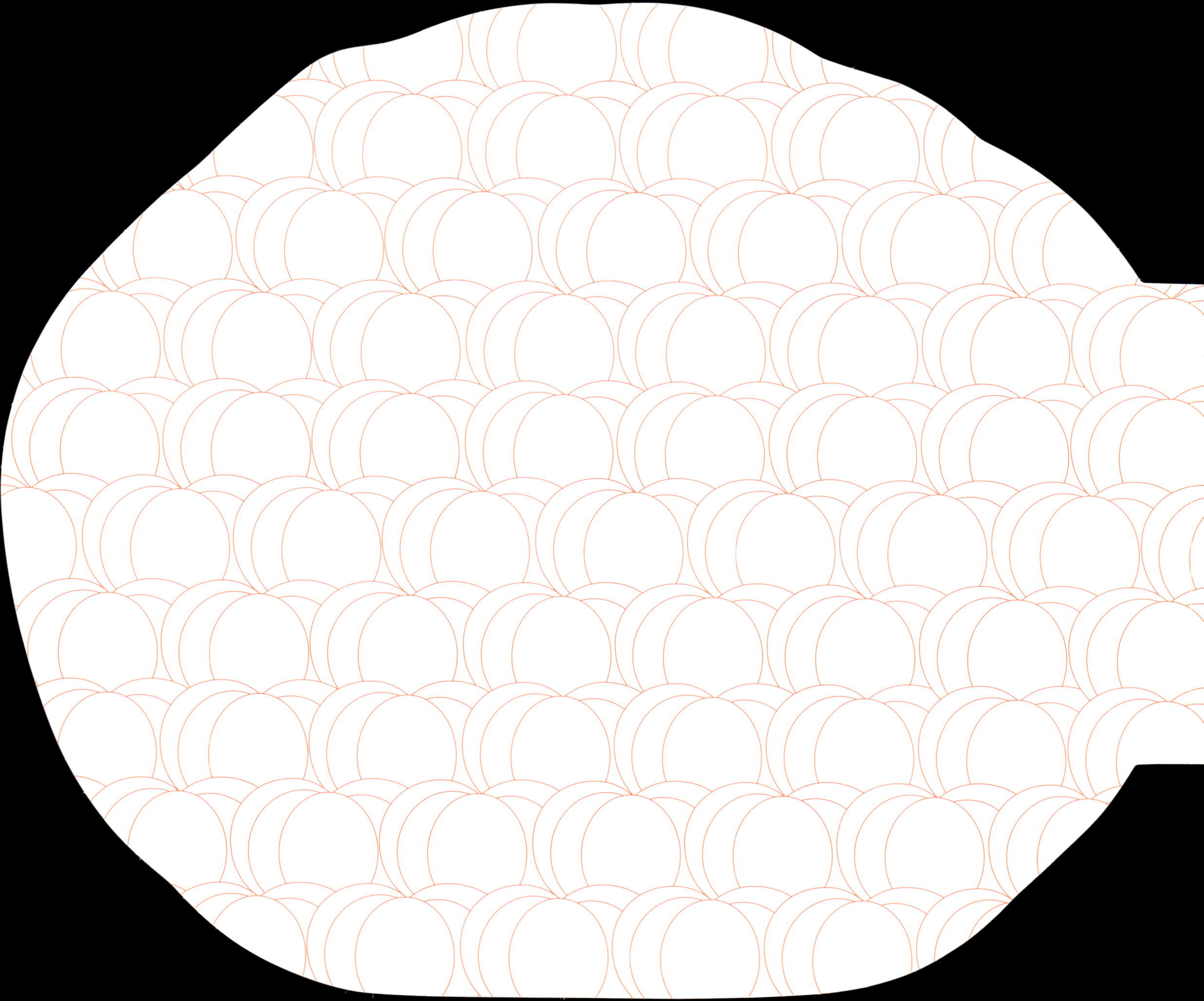

ACADEMIA BARILLA

ALLES KÜRBIS

50 Rezepte mit Pfiff

HERAUSGEGEBEN VON
ACADEMIA BARILLA

FOTOGRAFIEN
ALBERTO ROSSI
CHEF LUCA ZANGA

REZEPTE
CHEF MARIO GRAZIA

TEXTE VON
MARIAGRAZIA VILLA

GRAFISCHE GESTALTUNG
MARINELLA DEBERNARDI

KOORDINATION ACADEMIA BARILLA
CHATO MORANDI
ILARIA ROSSI

INHALTSVERZEICHNIS

DER KÜRBIS? EINFACH MAGISCH

»Als Allererstes
brauchst du einen Kürbis.«

Die gute Fee zu Aschenputtel in Charles Perraults Märchen

Er ist ein Gemüse wie kein anderes. Nicht verwunderlich – er ist das weltweite Symbol Halloweens, dem Feiertag, der auf ein uraltes keltisches Ritual zurückgeht, das die spirituelle Verbindung mit den Geistern und ihrer Welt feierte. Gut bekannt ist uns der Kürbis mit einem zahnlos-grinsenden, geschnitzten Gesicht, oft mit einer flackernden Kerze bestückt, um Hexen und böse Geister fernzuhalten.

Aber die Anziehungskraft des Kürbis reicht weiter. Gefüllt mit unzähligen Kernen, ist er seit der Antike in West und Ost das Symbol der Auferstehung der Toten, die wie Samenkerne zum Sprießen bereit in der Erde liegen, auf halbem Weg ihrer Himmelfahrt.

Kürbisse sind einfach magisch. Man bekommt sie im Sommer wie im Winter, ausgehöhlt oder voller Fruchtfleisch, dekorativ oder essbar. Ihre Vielseitigkeit ist erstaunlich: süß und doch nicht dickmachend. Mit wenig Kalorien, aber sättigend. Perfekt für die Küche, aber genauso wertvoll in der Kosmetik und der Medizin.

Eine geheimnisvolle Herkunft

Wenn Sie weitere Beweise dafür brauchen, dass der Kürbis mehr als ein herkömmliches Produkt Ihres Gartens ist, bitte sehr: Seine Herkunft ist geheimnisumwittert. Woher stammt sein Name? Das Wort Kürbis kommt aus dem Lateinischen: Curcubita. Im Althochdeutschen wurde die erste Silbe weggelassen, so entstand das Wort Kurbitz, daraus wurde Kürbis.

Woher kommt er? Besser gesagt – denn in jedem Land der Welt existiert eine große Vielfalt – woher kommen sie? Schon antike Völker wie die Aegypter, die Römer, die Griechen und die Arabe,

kannten diverse Sorten Kürbis - wahrscheinlich aus Südasien importiert - und bauten diese auch an. Und sie nutzten sie nicht nur zum Verzehr. In Rom z.B. genoss man Kürbisse zu Tisch (der Koch Apicio vermerkt an die Rezepte in seinem De Re Conquinaria), doch man verwendete sie ebenfalls entleert und getrocknet, als Lampen oder wasserdichte Behälter für den Transport von Salz und Wein, Milch oder Korn. Je nach Form und Größe wurden einige Kürbisse auch zur Herstellung von Tellern, Schalen, Löffeln und sogar Musikinstrumenten genutzt.
Auch die Indianer Nordamerikas bauten dieses Gemüse an: Christoph Kolumbus brachte einige Sorten nach Europa die Gleichen, die wir auch heute noch genießen: größere Exemplare als die bis dahin in der europäischen Küche verwendeten. Auch wenn der älteste Kürbiskern (7000-6000 v. Chr.) in Mexiko gefunden wurde, ist noch nicht sicher, ob diese essbare Pflanze aus Zentralamerika stammt. Laut einiger Forscher soll sie aus Indien stammen.

Eine Großfamilie

Der Kürbis gehört der großen Familie der Curcubitaceae an, die u.a. auch Gurken und Wassermelonen einschließt. Es ist eine riesige Familie, die über 90 Sorten und 900 Arten besitzt. Groß oder klein, länglich, gewunden oder rund, glatt oder runzelig, gerippt oder knotig grün, gelb oder gestreift. Wie viele Kürbisse gibt es? Die am meisten in der Küche benutzten, gehören der Art Curcubita Maxima an– in Italien die »Marina di Chioggia«: rund und an den Enden eingerollt, mit einer harten, runzeligen Schale, die von grau bis grün variiert und die ein süßes faseriges Fruchtfleisch in gelb-orange hat, oder die »America Tonda«, rund mit einer gelben Schale, grün gerippt, und mit einem geschmacksstarken gelb-orangenen Fruchtfleisch. Ebenfalls oft benutzt: die Curcubita Moschata , auch bekannt als »Die Lange aus Neapel«, die so aussieht wie ein Schlagstock und bis zu einem Meter lang werden kann. Ihre Schale variiert von Rostrot bis Orange und sie hat ein weiches, sehr süßes, gelbes Fruchtfleisch.

Kürbisse sind im August reif und können den ganzen Winter über auf dem Markt gefunden werden. Es gibt sie nicht nur in allen Farben und Formen, sie wachsen auch sehr schnell (so schnell, dass sie oft in der Kunst als Symbol für dieVergänglichkeit des menschlichen Lebens stehen, wie zum Beispiel in Albrecht Dürers »der heilige Hieronymus im Gehäus«) und stetig: Manche Kürbisse, die übrigens ungenießbar werden, erntet man sie nicht zur rechten Zeit, können bis zu 100 Kilo schwer werden. In einem Fall sogar, wurde der Guinness Weltrekord an einen fast 500 Kilo schweren Kürbis vergeben... Vielleicht hat deswegen die gute Fee in Charles Perraults berühmten – Märchem einen Kürbis – den größten im Garten - genommen, um ihn in die Kutsche, die Aschenputtel zum Ball bringt, zu verwandeln.

Seine erstaunlichen Tugenden

Kürbisse sind süß, aber lassen Sie sich nicht irreführen: Das Fruchtfleisch besitzt sogar einen geringen Zuckeranteil, dafür aber viel Wasser (94%), was der Reinigung des Körpers förderlich ist. Und es ist besonders reich an Antioxidans, Vitaminen – besonders Vitamin A, wie in allem orangenen Gemüse, und Vitamin C – und Mineralstoffen, vor allem Potassium, Phosphor, Kalzium und Magnesium. Dank seiner niedrigen Kalorienanzahl (nur 15 kcal für 100 Gramm), seinem hohen Ballaststoffanteil und seinem sehr guten Geschmack ist der Kürbis ideal bei einer strengen Diät. Immer gesetzt den Fall, Sie bereiten ihn ohne zu viele weitere Zutaten zu... mit Butter und Parmigiano Reggiano schmeckt er natürlich noch köstlicher, ist dafür aber auch weniger »light«.
Erwiesenermaßen ist Kürbis auch ein geschmacksreicher Helfer in der Medizin. Er übt einen positiven Effekt auf viele Pathologien aus und hält uns so gesund. Er enthält z.B. viele Aminosäuren, welche Anstzustände unter Kontrolle halten und Stress reduzieren und uns somit Probleme wie Schlaflosigkeit oder Herzrasen überwinden lassen. Zusätzlich noch eine gute Nachricht für uns: Kürbis ist »biologisch korrekt«, braucht er doch zum Anbau keine chemischen Düngmittel, da er

auch in qualitativ schlechter Erde gedeiht. Und wird er von Ungeziefer befallen, können chemische Pestizide durch traditionelle Mittel wie Schwefel, der selbst in der Bio-Landwirtschaft erlaubt ist, ersetzt werden.

Das Dessert ist serviert

Vom Happen bis zum Dessert – Brot, Pasteten, Focaccia, Pizza oder Grissini eingeschlossen – der Kürbis ist ein Verwandlungskünstler. Er ist ein Gemüse, das stimmt, doch sein Fruchtfleisch ist so süß wie Obst. Es ist von einer ganz besonderen Süße. Diese kann auch ohne viel Zucker hervorgehoben werden und wird so zum Hauptaroma in einer langen Reihe origineller Desserts, von Pudding über Torten bis zu Strudel und Keksen. Aber sein Aroma kann auch von stärkeren Geschmacksrichtungen begleitet werden, z.B.von würzigem Käse, Würsten, Pilzen oder Trüffeln. Kürbisse verwandeln sich in Cremes, Suppen oder Gratins, aber auch in Eiscreme, Frappés und Marmelade. Sie können gebacken, gedünstet oder gekocht, sautiert oder frittiert werden. Gibt es eigentlich irgendetwas, was dieses magische Gemüse nicht kann? Und dann verhält es sich beim Kürbis wie beim Schwein: Man wirft nichts weg. Wie könnte man gefüllte Kürbisblüten vergessen, in Teig gewendet und frittiert – die fantastische Begleitung jedes Aperitifs? Und was ist mit den Kürbiskernen? Diese haben nicht nur gesunde Eigenschaften, sind reich an wertvollen Substanzen wie Phytosterole, gesunden Fetten und Omega-3 Säuren – geröstet und leicht gesalzen sind sie der ideale Snack für zwischendurch oder köstlich über Suppe, Pasta oder ein Gemüsegericht gestreut. Um die Nährwerte beim Rösten nicht zu verlieren, lassen Sie die Kerne lieber 30 Minuten bei kleiner Hitze goldbraun backen, anstatt kurz bei hoher Temperatur. Die Kerne können auch roh verzehrt werden.

Der Kürbis kann ebenfalls zu einem praktischen Behälter werden. Ausgehöhlt und so gekappt, dass Sie einen Deckel (mit einem Loch als Griff) erhalten, kann er als Suppentopf für Kürbis-Minestrone oder -Risotto dienen, als Salatschüssel für Kürbissalat oder als Schüssel für ein leckers Kürbiscurry...

Geheimnisse für die Auswahl und Lagerung

Kürbisse sollten dem geplanten Rezept nach ausgewählt werden. Der »Bologna Grey« z.B. ist ideal für die Zubereitung von Marmeladen, das Herz des »Priesterhuts« (typisch im Tiefland von Reggio Emilia und Mantua) schlägt für gefüllte Pasta. Wenn Sie einen ganzen Kürbis kaufen, achten sie darauf, dass er frisch, hart und reif ist: der Stängel muss weich und fest verankert sein, die Schale sollte dellenlos sein. Wenn Sie sanft darauf klopfen, sollte ein dumpfer Ton erklingen. Kaufen Sie den Kürbis in Scheiben, achten Sie trotzdem darauf, dass er frisch, reif und hart ist. Die Schnittfläche darf nicht trocken und die Kerne sollten noch feucht und glitschig sein. Ein ganzer Kürbis kann an einem dunklen, trockenen und kühlen Ort – 18 bis 22°C – über Monate hinweg aufbewahrt werden (auch wenn man ihn laut Tradition vor Karneval essen sollte). Ist er schon in Scheiben geschnitten, sollte er im Gemüsefach des Kühlschranks aufbewahrt werden, in Zellophanfolie gewickelt, um nicht auszutrocknen. Da er schnell Feuchtigkeit verliert, sollte er binnen weniger Tage verarbeitet werden. Das Fruchtfleisch kann in Tiefkühlbeuteln aufbewahrt werden – am besten schneiden Sie es in Würfel und blanchieren diese. Wollen Sie ihn roh einfrieren, müssen Sie den Kürbis waschen, schälen, alle Kerne und Fäden entfernen und später unaufgetaut verkochen, denn beim Auftauen könnte er seine Flüssigkeit verlieren und ungenießbar werden.

Typische und untypische Rezepte

In der Poebene ist der Kürbis seit jeher sehr beliebt. Ihm verdankt man den unvergleichlichen Geschmack der Füllung dieser kleinen Röllchen frischer Pasta: der berühmten Mantua Tortellini (der traditionelle erste Gang des Weihnachtsmenüs) und dem der Ferrara Cappellacci, schon in den Renaissance-Kochbüchern des Barons von Este für die Bewirtung von Prinzen, Diplomaten und illustren Gästen empfohlen. Ursprünglich aus der armen Bauernküche stammend, ist der Kürbis im Laufe der Zeit in die Aristokratie am Hofe aufgestiegen – immer weiter verfeinert, um schließlich die Tische der gesamten Halbinsel zu erobern.

Unser magisches Gemüse versteht sich immer bestens mit Reis, wie im traditionellen Kürbisrisotto, den man in der Lombardei und im Veneto findet, und empfängt auch Pasta mit offenen Armen, wie im klassischen Milaneser Kürbis-Minestrone. Einfache, aber sehr schmackhafte Gerichte, besonders an kalten Herbst- oder Winterabenden.

Die Academia Barilla – ein internationales Zentrum der italienischen Gastronomie gewidmet - hat für dieses Buch 50 Kürbisrezepte ausgewählt, einige sehr einfach aber köstlich: Kürbispüree z.B. wird wie Kartoffelbrei zubereitet oder Kürbiscremesuppe mit Cannellini Bohnen, Kürbis Frittata mit Rosmarin und Kürbiskernbeisser.

Manche Rezepte enstammen der traditionellen Küche, wie Kürbisgnocchi, andere sind dem typisch italienischen Flair zu verdanken, beste, mit Sorgfalt ausgewählte Grundprodukte verschiedener Regionen zu vereinen.

Das Endergebnis wird dank dem subtilen Gleichgewicht zwischen Tradition und Innovation – mit Abstechern in andere kulinarische Welten – eine spannendes Abenteuer. Magie hoch zwei: die Magie des Kürbis und die der Kunst, ihn schmackhaft zu verarbeiten.

VORSPEISEN UND SNACKS

KÜRBISKERNSTICKS

Zutaten für 4 Personen

200 g Blätterteig
25 g geschälte Kürbiskerne
1 Ei
1 Prise Salz

Zubereitung

Rollen Sie den Teig 2 mm dick aus, bepinseln ihn mit etwas Wasser, und streuen Sie die Kürbiskerne über eine Hälfte.
Falten Sie die kernlose Hälfte über die andere, und drücken Sie beide leicht zusammen, damit sie zusammenhaften.
Schneiden Sie kleine Rauten aus (circa 2.5 cm breit), und verdrehen Sie diese ineinander.
Legen Sie die Sticks nebeneinander auf ein mit Backpapier ausgelegtes Backblech.
Bepinseln Sie sie mit Ei, und streuen Sie eine Prise Salz darüber .
Backen Sie die Sticks bei 200°C circa 25 Minuten.

Vorbereitung: 20 Minuten Backzeit: 25 Minuten
Schwierigkeitsgrad: leicht

KÜRBIS-WINDBEUTEL

Zutaten für 4 Personen

Für die Windbeutel
50 ml Wasser
25 g Butter
30 g Mehl
1 Ei
1 Prise Salz

Für die Füllung
150 g Kürbis
250 ml Milch
60 g pikanter Provolone
20 g Butter
20 g Mehl
Salz und Pfeffer

Zubereitung

Für die Windbeutel lassen Sie Wasser, Butterstückchen und eine Prise Salz in einem kleinen Topf aufkochen. Fügen Sie das gesiebte Mehl hinzu. Rühren Sie mit einem Holzlöffel bis der Teig nicht mehr am Topf kleben bleibt. Lassen Sie ihn in einer Schüssel abkühlen und geben Sie das Ei hinzu. Geben Sie mit einem Spritzbeutel mit weicher, 1cm breiter Öffnung kleine nussgroße Haufen auf ein gebuttertes Backblech. Backen Sie sie bei 200°C circa 20 Minuten im Ofen, den Sie in den letzten 5 Minuten offen stehen lassen, damit die Beutel gut trocknen.
Schälen Sie den Kürbis, entfernen Sie die Kerne, und würfeln Sie ihn 2-3mm groß. Schmelzen Sie die Butter in einer Pfanne, geben Sie den Kürbis dazu und braten ihn bei kleiner Hitze 3-4 Minuten an. Geben Sie Salz, Pfeffer und Mehl und nach einer weiteren Minute die Milch dazu. Rühren Sie solange weiter, bis alles 1 Minute aufkocht. Lassen Sie die creme leicht abzukühlen, und geben Sie den gewürfelten Provolone hinzu. Schneiden Sie den Deckel der Windbeutel auf, ohne ihn vollständig abzutrennen, und füllen Sie sie mit der Creme. Auf Wunsch im Ofen einige Minuten erwärmen.

Vorbereitung: 35 Minuten Backzeit: 20 Minuten
Garzeit: 5 Minuten Schwierigkeitsgrad: mittel

KÜRBIS-BLINIS

Zutaten für 4 Personen

4 Eier
200 g Kürbis
50 g Mehl
25 Extra Vergine Olivenöl
1 Bund Schnittlauch, Petersilie,
Minze und Kerbel
Salz und schwarzer Pfeffer

Zubereitung

Waschen Sie den Kürbis, schneiden Sie ihn in Stücke, und backen Sie ihn bei 180°C circa 30 Minuten bis er weich ist. Wird er zu braun, decken Sie ihn mit Alufolie ab. Lassen Sie ihn abkühlen, entfernen Sie Kerne und Fäden, und mixen Sie ihn. Wiegen Sie 100 g ab. Waschen und trocknen Sie die frischen Kräuter und hacken Sie diese klein. Verquirlen Sie das Ei in einer Schüssel mit den Kräutern, dem Mehl, dem Kürbismus, Salz und Pfeffer. Erwärmen Sie etwas Öl in einer Pfanne und geben Sie die Mischung mit dem Löffel in 4 Haufen hinein. Sobald die Blinis fest sind, wenden Sie sie.

Vorbereitung: 40 Minuten Garzeit: 5 Minuten
Schwierigkeitsgrad: leicht

JAKOBSMUSCHELN MIT ZITRONENKÜRBIS

ZUTATEN FÜR 4 PERSONEN

750 g Kürbis
12 Jakobsmuscheln, ausgelöst
30 ml Extra Vergine Olivenöl
2 Orangen
2 Grapefruit
2 rosa Grapefruit
Schnittlauch
Salz und Pfeffer

ZUBEREITUNG

Waschen Sie den Kürbis, schneiden Sie ihn klein, und backen Sie ihn bei 180°C circa 30 Minuten bis er weich ist. Wird er zu braun, decken Sie ihn mit Alufolie ab.
Lassen Sie ihn abkühlen, entfernen Sie Kerne und Fäden, und mixen Sie ihn mit Salz, Pfeffer und etwas Öl zu einem festen Mus.
Schälen und filettieren Sie die Zitrusfrüchte, und fangen Sie den dabei austretenden Saft auf.
Säubern und trocknen Sie die Jakobsmuscheln, salzen und pfeffern Sie diese.
Braten Sie die Muscheln in einer antihaftbeschichteten Pfanne in ein bisschen Öl kurz an, oder legen Sie sie auf den Grill.
Erwärmen Sie ein wenig die Zitrusfrüchte in ihrem Saft auf einem Backblech.
Geben Sie mit einem Spritzbeutel einen Klecks Kürbispüree in die Mitte jeder Muschelschale, betten Sie das Muschelfleisch darauf, rahmen dieses mit den Fruchtschnitzen ein und träufeln etwas Saft darüber. Garnieren Sie mit ein paar Tropfen Extra Vergine Olivenöl, Schnittlauchröllchen und einem ganzen Schnittlauchhalm.

Vorbereitung: 30 Minuten Garzeit: 35 Minuten
Schwierigkeitsgrad: mittel

LECKERE KÜRBISCROISSANTS

Zutaten für 4 Personen

Für den Teig
500 g Mehl »00« Type
250 ml Wasser
1 Ei
20 g Zucker
20 g Hefe
25 g Butter
12 g Salz

Für die Füllung
100 g Kürbisstücke, gar
(doppelte Menge roh)
15 g geriebener
Parmigiano Reggiano
Salz und Pfeffer

Zum Garnieren
1 Ei
Mohnsamen

Zubereitung

Häufen Sie das Mehl auf die Arbeitsfläche, geben Sie das Ei in die Mitte, und fügen Sie den Zucker hinzu. Geben Sie die in Wasser aufgelöste Hefe langsam hinein, dann die weiche Butter und schließlich das Salz. Kneten Sie den Teig, bis er glatt und elastisch ist . Lassen Sie ihn mit einer Plastikschüssel bedeckt an einem warmen und trockenen Ort 30 Minuten aufgehen. Waschen Sie den Kürbis, schneiden Sie ihn klein, und backen Sie ihn bei 180°C circa 30 Minuten bis er weich ist.
Wird er zu braun, decken Sie ihn mit Alufolie ab. Lassen Sie ihn abkühlen, entfernen Sie Kerne und Fäden und mixen Sie ihn. Wiegen Sie 100 g ab. Heben Sie den geriebenen Parmigiano Reggiano unter, und würzen Sie mit Salz und Pfeffer. Rollen Sie den Teig 3mm dick aus und schneiden ihn in gleichschenklige Dreiecke. Geben Sie einen Klecks Kürbisfüllung auf die kurze Dreiecksseite, und rollen Sie den Teig zu Croissants aus, die Sie auf einem mit Backpapier ausgelegten Backblech noch einmal gehen lassen, bis sich das Volumen verdoppelt hat (circa 1 Stunde). Bepinseln Sie die Croissants mit Ei, und streuen Sie die Mohnsamen darüber. Backen Sie die Croissants bei 200-220°C circa 20 Minuten.

Vorbereitung: 1 Stunde Gehzeit: 1 Stunde und 30 Minuten
Garzeit: 20 Minuten Schwierigkeitsgrad: mittel

KÜRBISCREME MIT KÄSEMOUSSE

Zutaten für 4 Personen

500 g Kürbis
200 g Schlagsahne
250 g frischer Ziegenkäse
Thymian, Majoran und Rosmarin
Salz und Pfeffer

Zubereitung

Entfernen Sie Schale, Kerne und Fäden des Kürbis, und wiegen Sie 300 g ab. Schneiden Sie ihn klein und geben ihn in einem Kochtopf. Bedecken Sie den Kürbis mit Wasser und kochen ihn. Wenn er gar ist, gießen Sie das überschüssige Wasser ab und mixen das Fruchtfleisch. Salzen und pfeffern Sie. Ist der Kürbis abgekühlt, heben Sie die geschlagene Sahne unter. Für die Käsemousse rühren Sie den Ziegenkäse glatt und fügen die frischen Kräuter hinzu. Füllen Sie etwas Kürbiscreme in kleine Schälchen und toppen Sie – kurz vor dem Servieren – mit der Ziegenkäsemousse.

Zubereitung: 20 Minuten Garzeit: 45 Minuten
Schwierigkeitsgrad: leicht

GEFÜLLTE KÜRBISBLÜTEN, FRITTIERT

Zutaten für 4 Personen

12 Kürbisblüten

Für die Füllung
300 g Ricotta
60 g geriebener Parmigiano Reggiano
1 Esslöffel gehackte Petersilie
1 Majoran Stängel (die Blättchen)
Salz und Pfeffer

Für den Backteig
50 ml Milch
70 g Mehl »0« Type
2 Eier
2 Eigelb

Olivenöl zum Ausbacken
Salz

Zubereitung

Putzen Sie die Kürbisblüten, entfernen Sie die Stempel, ohne die Blütenblätter zu beschädigen. Mischen Sie die zutaten des Füllungs mit einem Holzlöffel, und schmecken Sie ab. Füllen Sie jede Blüte mithilfe eines Spritzbeutels. Vermischen Sie energisch die Zutaten für den Backteig in einer Schüssel. Wenden Sie die Blüten erst in Mehl, dann im Backteig, und frittieren Sie sie in kleinen Mengen. Lassen Sie das überschüssige Fett abtropfen, salzen Sie, und servieren Sie die Blüten sofort auf Papierservietten.

Vorbereitung: 30 Minuten Garzeit: 5-6 Minuten
Schwierigkeitsgrad: mittel

KÜRBIS-LAUCH-FLAN

Zutaten für 4-6 Personen

500 g Kürbis
100 ml frische Sahne
300 g Lauch
50 g geriebener Parmigiano Reggiano
2 Eier
100 ml Milch
30 g Butter
Salz und Pfeffer
Mehl
Öl zum Frittieren

Zubereitung

Waschen Sie den Kürbis, schneiden Sie ihn klein, und backen Sie ihn bei 180°C circa 30 Minuten bis er weich ist. Wird er zu braun, decken Sie ihn mit Alufolie ab. Lassen Sie ihn abkühlen, entfernen Sie Kerne und Fäden, mixen Sie ihn, und wiegen Sie 300 g ab. Putzen Sie den Lauch (der grüne Teil wird weggelassen), schneiden Sie die halbe Menge klein, und lassen Sie sie mit der Hälfte der Butter bei kleiner Hitze in einer Pfanne köcheln. Salzen und pfeffern Sie. Ist er gar, mixen Sie den Lauch mit der Sahne, dem Kürbis, dem Ei und dem geriebenen Parmigiano Reggiano, und schmecken Sie noch einmal ab. Schneiden Sie den restlichen Lauch in feine Streifen, und lassen Sie diese in Milch einweichen. Buttern Sie kleine Förmchen, und füllen Sie sie mit dem Kürbisgemisch. In einer Wasserpfanne im Ofen bei 150°C circa 40 Minuten fest werden lassen. Wenden Sie die abgetropften Lauchstreifen in Mehl, frittieren Sie sie, ohne dass dabei ihre Farbe verlorengeht. Auf Küchenkrepp abtropfen lassen.

Vorbereitung: 30 Minuten Garzeit: 40 Minuten
Schwierigkeitsgrad: leicht

KÜRBIS-FRITTELLE

Zutaten für 4 Personen

400 g Kürbis
100 ml Wasser
50 g Butter
60 g Mehl
2 Eier

30 g geriebener Parmigiano Reggiano
Muskatnuss
Öl zum Frittieren
Salz

Zubereitung

Waschen Sie den Kürbis, schneiden Sie ihn klein, und backen Sie ihn bei 180°C circa 30 Minuten bis er weich ist. Wird er zu braun, decken Sie ihn mit Alufolie ab. Lassen Sie ihn abkühlen, entfernen Sie Kerne und Fäden, mixen Sie ihn, und wiegen Sie 200 g ab.
Mischen Sie den geriebenen Parmigiano Reggiano und etwas Muskatnuss unter.
Bringen Sie in einem Topf das gesalzene Wasser mit der gewürfelten Butter zum Kochen, rühren Sie dann das im Vorhinein gesiebte Mehl mit einem Holzlöffel unter, bis der Teig nicht mehr am Topf kleben bleibt. Lassen Sie die Masse abkühlen.
Geben Sie ein Ei nach dem anderen dazu.
Nun vermengen Sie beide Mischungen und schmecken Sie ab.
Erhitzen Sie das Öl in einer Pfanne, und geben Sie die Fritelle vorsichtig mit einem Löffel hinein.
Auf Küchenkrepp abtropfen lassen.

Vorbereitung: 50 Minuten Garzeit: 5 Minuten
Schwierigkeitsgrad: mittel

KÜRBIS-BRIOCHE

Zutaten für 4-6 Personen

280 g Weizenmehl
Wasser
200 g Kürbis, gar
(doppelte Menge roh)

40 g Zucker
20 g Butter
12 g Hefe
1 Prise Salz

Zubereitung

Vermengen Sie 70 g Mehl mit 50 ml in Wasser aufgelöster Hefe in einer Schüssel. Decken Sie mit Frischhaltefolie ab, und lassen Sie den Teig an einem warmen Ort aufgehen, bis sich sein Volumen verdoppelt hat (circa 1 Stunde). Unterdessen waschen Sie den Kürbis, schneiden ihn klein, und backen ihn bei 180°C circa 30 Minuten bis er weich ist. Wird er zu braun, decken Sie ihn mit Alufolie ab. Lassen Sie ihn abkühlen, entfernen Sie Kerne und Fäden, mixen Sie ihn, und wiegen Sie 200 g ab. Ist der Teig aufgegangen, vermengen Sie das restliche Mehl auf der Arbeitsfläche mit dem Kürbismus und dem Zucker, und geben Sie den Teigling dazu. Kneten Sie etwas Wasser ein (die Menge hängt vom Feuchtigkeitsanteil des Kürbis ab), um einen weichen, aber homogenen Teig zu erhalten – salzen Sie wenn nötig. Ist der Teig homogen, fügen Sie die Butter (Raumtemperatur) hinzu, und kneten Sie bis der Teig elastisch wird. Bei Raumtemperatur mit einer Plastikschüssel abgedeckt circa 20 Minuten ruhen lassen. Aus dem Teig formen Sie kleine Kugeln, die Sie in einer gebutterten Cake-Form abgedeckt eine Stunde gehen lassen (oder bis der Teig überquellt). Bei 180°C circa 25 Minuten backen.

Vorbereitung: 1 Stunde Gehzeit: 2 Stunden und 20 Minuten
Garzeit: 25 Minuten Schwierigkeitsgrad: mittel

KÜRBISBROT

Zutaten für 4-6 Personen

500 g Weizenmehl
225 ml Wasser
150 g Kürbis, gar
(doppelte Menge roh)

20 ml Extra Vergine
Olivenöl
12 g Hefe
13 g Salz

Zubereitung

Schälen Sie den Kürbis, und schneiden Sie ihn in 50 Gramm-Stücke, die Sie in Alufolie gewickelt im Ofen 20 Minuten backen. Ist er gar, lassen Sie ihn abkühlen. Mischen Sie auf der Arbeitsfläche das Mehl mit handwarmem Wasser, in dem die Hefe aufgelöst wurde. Fügen Sie langsam das Öl, etwas Salz und den Kürbis hinzu. Kneten Sie weiter, bis Sie einen weichen, homogenen und elastischen Teig erhalten. Lassen Sie den Teig mit einer Plastikschüssel abgedeckt circa 10 Minuten ruhen, bevor Sie daraus lange Wülste formen. Diese lassen Sie, mit Plastikfolie bedeckt, auf einem mit Backpapier ausgelegtem Backblech mit genügend Abstand voneinander für circa 1 Stunde aufgehen. Backen bei 180°C circa 18-25 Minuten, je nach Größe.

Vorbereitung: 1 Stunde Gehzeit: 1 Stunde und 10 Minuten
Garzeit: 18-25 Minuten Schwierigkeitsgrad: mittel

PIZZA MIT KÜRBIS UND PIKANTEM PROVOLONE

Zutaten für 4 Personen

Für den Teig
650 g Pizzamehl
375 ml Wasser
5 g Hefe
18 g Salz

Für den Belag
200 g pikant Provolone
1 kg Kürbis
Extra Vergine Olivenöl
Rosmarin
Salz

Zubereitung

Vermengen Sie auf der Arbeitsfläche das Mehl mit Wasser und Hefe, zuletzt kommt das im Wasser aufgelöste Salz hinzu. Lassen Sie den Teig mit einer Plastikschüssel bedeckt an einem warmen Ort aufgehen, bis sein Volumen sich verdoppelt hat (zwischen 1 bis 4 Stunden, je nach Temperatur). Trennen Sie den Teig in 4 Teile, die Sie zu Kugeln formen. Lassen Sie diese, wieder mit einer Plastikschüssel bedeckt, aufgehen bis ihre Größe sich verdoppelt hat (zwischen 30 Minuten und anderthalb Stunden je nach Temperatur). Schälen und entkernen Sie den Kürbis, schneiden Sie ihn in breite Scheiben, und backen Sie ihn bei 180°C circa 25 Minuten. Mixen Sie das Fruchtfleisch mit einer Prise Salz und einem Eßlöffel Öl – falls die Mischung zu kompakt ist, fügen Sie einige Tropfen Wasser hinzu. Hobeln Sie den Provolone. Drücken Sie die Teigklumpen auf der gut bemehlten Arbeitsfläche flach – Sie beginnen dabei bei den Fingerspitzen und führen dann eine Drehbewegung mit den Händen aus. Streichen Sie den Kürbis auf die Pizzen und geben Sie den Käse darüber. Backen Sie die Pizzen bei 250°C circa 8 Minuten im Ofen, und würzen Sie diese im Anschluss mit einigen Rosmarinblättchen und Olivenöl.

Vorbereitungszeit: 30 Minuten Gehzeit: 1 Stunde und 30 Minuten – 5 Stunden und 30 Minuten Garzeit: 8 Minuten Schwierigkeitsgrad: mittel

LECKERE KÜRBIS-TARTE

Zutaten für 4 Personen

300 g Blätterteig
750 g Kürbis
125 ml Sahne
2 Eier
80 g geriebener Parmigiano Reggiano
Muskatnuss
Salz und Pfeffer

Zubereitung

Waschen Sie den Kürbis, schneiden Sie ihn klein, und backen Sie ihn bei 180°C circa 30 Minuten bis er weich ist. Wird er zu braun, decken Sie ihn mit Alufolie ab. Lassen Sie ihn abkühlen, entfernen Sie Kerne und Fäden, und mixen Sie ihn.

Vermengen Sie den Kürbis in einer Schüssel mit dem Ei, dem geriebenen Parmigiano Reggiano und der Sahne. Würzen Sie mit Salz, Pfeffer und etwas Muskatnuss.

Rollen Sie den Teig 3mm dick aus und legen ihn in eine Tarte-Form.

Geben Sie die Kürbismischung hinein, und streichen Sie die Oberfläche glatt.

Bei 180°C circa 30 Minuten backen.

Vorbereitung: 60 Minuten Garzeit: 30 Minuten
Schwierigkeitsgrad: leicht

ZIEGENKÄSE UND KÜRBIS-TARTE

Zutaten für 4 Personen

200 g Blätterteig
250 g Kürbis
80 g Ziegenkäse
80 ml Sahne
1 Ei
Salz und Pfeffer

Zubereitung

Waschen Sie den Kürbis, scheiden Sie ihn klein, und backen Sie ihn bei 180°C circa 30 Minuten bis er weich ist. Wird er zu braun, decken Sie ihn mit Alufolie ab. Lassen Sie ihn abkühlen, entfernen Sie Kerne und Fäden, mixen Sie ihn und wiegen 125 g ab. Rollen Sie den Teig 2-3 mm dick aus, und legen Sie ihn entweder in 4 kleine oder eine große Tarte-Form. Vermengen Sie den Kürbis, das Ei und die Sahne. Geben Sie die Mischung auf den Teig, und belegen Sie das Ganze mit dem Ziegenkäse. Backen bei 180°C circa 20 Minuten (30 Minuten bei der großen Form).

Vorbereitung: 50 Minuten Garzeit: 20-30 Minuten
Schwierigkeitsgrad: leicht

ERSTER GANG

KÜRBISCREMESUPPE MIT CANNELLINI BOHNEN

Zutaten für 4 Personen

500 g Kürbis (ungeschält)
600 g Kartoffeln
100 g Zwiebeln
200 g Cannellini Bohnen
1,5 l Wasser
10 ml Extra Vergine Olivenöl
1 Zweig Thymian
1 Zweig Rosmarin
Salz und Pfeffer

Zubereitung

Schälen Sie den Kürbis, die Kartoffeln und die Zwiebeln, und schneiden Sie sie klein. Lassen Sie alle Zutaten in einem Topf mit Wasser bedeckt kochen. Wenn sie gar sind, mixen Sie alles gemeinsam mit dem Kochwasser und fügen wenn nötig etwas Wasser hinzu, danach Salz und Pfeffer. Unterdessen kochen Sie die Bohnen (12 Stunden vorher in circa 2 Liter Wasser einweichen). Geben Sie die Bohnen kurz vor dem Servieren in die Creme, und besprenkeln Sie diese mit etwas gehacktem Thymian und Rosmarin, gemahlenem Pfeffer und ein paar Tropfen Öl.

Vorbereitung: 20 Minuten Einweichzeit: 12 Stunden
Garzeit: 45 Minuten Schwierigkeitsgrad: leicht

BUCHWEIZENCRÊPES MIT KÜRBIS UND CHIODINI PILZEN

Zutaten für 4-6 Personen

Für die Crêpes
(circa 16 Stück, 22 cm Durchmesser)
330 g Buchweizenmehl
750 ml Wasser
10 ml Extra Vergine Olivenöl
1 Ei
15 g Salz
10 g Butter, geschmolzen

Für die Füllung
1 kg Kürbis
250 g Chiodini Pilze
25 ml Extra Vergine Olivenöl
80 g geräucherter Scamorza
2 Knoblauchzehen
1 Esslöffel gehackte Petersilie
ein Paar Zweige Thymian
Salz und Pfeffer

Für die Soße
10 g Butter, geschmolzen

Zubereitung

Mixen Sie die Zutaten für den Crêpeteig im Blender, und lassen Sie den Teig im Kühlschrank mindestens eine Stunde ruhen. Putzen Sie die Pilze, schälen Sie den Kürbis, entfernen Kerne und Fäden und würfeln 400 Gramm – den Rest backen oder dünsten und anschließend mixen. Erhitzen Sie das Öl in einer Pfanne, und aromatisieren Sie es mit dem Knoblauch und ein paar Zweigen Thymian, die Sie nach einigen Minuten wieder entfernen. Geben Sie erst die Kürbiswürfel und nach circa 2 Minuten die Pilze dazu. Salzen und pfeffern. Kochen Sie das Gemüse bissfest, streuen Sie etwas Petersilie darüber. Lassen Sies abkühlen, und geben Sie 200 g pürierten Kürbis und den Käse in Würfeln hinzu. Backen Sie die Crêpes aus (circa 8 Stück, Sie können den Rest einfrieren). Bestreichen Sie sie mit dem Kürbis, falten sie ganz nach Belieben (ein- oder mehrmals), und geben sie in eine gebutterte Backform. Begießen Sie sie mit etwas flüssiger Butter und backen Sie die Crêpes bei 180°C circa 7-8 Minuten.

Vorbereitung: 50 Minuten Ruhezeit: 1 Stunde
Garzeit: 7-8 Minuten Schwierigkeitsgrad: mittel

KÜRBISGNOCCHI MIT WURST UND SAFRAN

Zutaten für 4 Personen

Für die Gnocchi
400 g Kürbis, gar
(doppelte Menge roh)
100 g frisch geriebene Brotkrumen
100 g Mehl
1 Ei
1 Esslöffel geriebener Parmigiano Reggiano
Muskatnuss
Salz (fein und grob) und Pfeffer

Für die Soße
200 g Wurst
300 g Lauch
50 ml Extra Vergine Olivenöl
1 Esslöffel Mehl
0.15 g Safran
50 g geriebener Parmigiano Reggiano

Zubereitung

Schneiden Sie den Kürbis mitsamt der Schale in 3-4 cm dicke Scheiben, und backen Sie ihn auf einer Schicht grobem Salz bei 180°C, bis er sehr weich ist. Mixen Sie den Kürbis, und vermengen Sie ihn mit dem Mehl, den Brotkrumen, dem Ei und einem Esslöffel geriebenem Parmigiano Reggiano. Würzen Sie mit Muskatnuss, Salz und Pfeffer. Formen Sie lange Teigrollen von 2 cm Durchmesser, und schneiden Sie sie in 2 cm lange Stücke, um Gnocchi zu erhalten. Schneiden Sie den Lauch klein, und lassen Sie ihn in einer Pfanne mit dem Öl einweichen. Fügen Sie nun die gepellte und zerkleinerte Wurst hinzu. Braten Sie alles kurz an, geben Sie das Mehl hinein. Nach einer Minute fügen Sie eine Kelle heißes Wasser hinzu und lassen Soße weitere 5 Minuten kochen. Geben Sie schließlich den in ein paar Esslöffeln Wasser aufgelösten Safran hinzu. Garen Sie die Gnocchi einige Minuten in kochendem Salzwasser – sobald sie nach oben steigen, gießen Sie sie ab, geben sie zu der Soße in die Pfanne und fügen den Parmigiano Reggiano hinzu.

Vorbereitung: 40 Minuten Garzeit: 3-4 Minuten
Schwierigkeitsgrad: leicht

KÜRBIS-RÜBEN-SUPPE

Zutaten für 4 Personen

450 g Kürbis
300 g Rüben
50 g Zwiebel
40 g Möhren
40 g Sellerie
25 ml Extra Vergine Olivenöl
Salz

Zubereitung

Waschen Sie die Rüben und trennen Sie die Knolle von den Blättern. Schneiden Sie die Knolle in kleine Würfel und die Blätter in Streifen. Schälen Sie den Kürbis, entfernen Sie Kerne und Fäden, und schneiden Sie ihn in 1cm große Würfel. Schälen Sie die Zwiebeln, die Möhren und den Sellerie, schneiden Sie alles klein, und braten Sie das Gemüse mit Extra Vergine Olivenöl in einer Pfanne an. Geben Sie die Rüben- und Kürbiswürfel hinzu, sautieren Sie alles ein paar Minuten lang, und fügen Sie dann die Blätter dazu. Bedecken Sie alles mit Wasser, salzen Sie leicht, und lassen Sie die suppe circa eine Stunde köcheln.

Vorbereitung: 20 Minuten Garzeit: 30 Minuten
Schwierigkeitsgrad: leicht

PENNE MIT KÜRBIS, PILZEN UND BALSAMESSIG

ZUTATEN FÜR 4 PERSONEN

320 g Penne
300 g Kürbis
200 g Pilze
50 g Schalotten
25 ml Extra Vergine Olivenöl
750 ml Wasser

1 Esslöffel gehackte Petersilie
1 Zweig Rosmarin
1 Knoblauchzehe
Balsamessig di Modena
Salz und Pfeffer

ZUBEREITUNG

Schälen Sie den Kürbis, entfernen Sie Kerne und Fäden, und schneiden Sie ihn in 1cm große Würfel. Geben Sie zwei Drittel davon mit den Schalotten und einer Prise Salz in einen Topf. Gießen Sie circa 750 ml Wasser (oder genug, um alles zu bedecken) hinzu, und kochen Sie das Gemüse. Ist es gar, mixen Sie es zu einer Creme, wenn nötig, fügen Sie etwas Kochwasser hinzu – die Konsistenz sollte sämig sein. Hacken Sie Rosmarin und Knoblauch. Erhitzen Sie in einer Bratpfanne die Hälfte des Öls auf mittlerer Stufe, und sautieren Sie die restlichen Kürbiswürfel mit Salz und Pfeffer. Nehmen Sie den Kürbis heraus. Sautieren Sie nun die Pilze in der gleichen Pfanne mit dem restlichen Öl, dem Knoblauch, dem Rosmarin und der Hälfte der gehackten Petersilie. Lassen Sie alles circa 2 Minuten köcheln, und fügen Sie dann die Kürbiswürfel und die Kürbiscreme hinzu. Kochen Sie die Penne in Salzwasser al dente, gießen Sie sie ab, und geben Sie sie zu der Kürbissoße in die Pfanne. Noch einmal anbraten, dann mit Petersilie bestreut und ein Paar Tropfen Balsamessig di Modena servieren.

Vorbereitung: 40 Minuten Garzeit: 10 Minuten
Schwierigkeitsgrad: leicht

KÜRBISRAVIOLI

Zutaten für 4 Personen

Für den Teig
200 g Weißmehl
2 Eier

Für die Füllung
500 g Kürbis
170 g Ricotta
45 g geriebener
Parmigiano Reggiano
20 g Schalotten, gehackt
60 g Wurst
60 g Pilze
1 Knoblauchzehe
15 ml Extra Vergine Olivenöl
Thymian
Muskatnuss
Salz und Pfeffer

Für das Fondue
100 g Fontina
100 ml Milch
1 Eigelb

Für die Soße
40 g Butter

Zubereitung

Vermengen Sie Mehl und Eier, lassen Sie den Teig 30 Minuten ruhen. Schälen Sie den Kürbis – behalten Sie 50 g zurück – schneiden ihn klein und backen ihn bei 180°C bis er weich ist. Ist er abgekühlt, entfernen Sie Kerne und Fäden und mixen ihn. Säubern Sie die Pilze. Schneiden Sie sie mit den restlichen 50 g Kürbis in 3-4 mm große Würfel. Braten Sie im Öl Schalotten, Thymian und Knoblauch an. Geben Sie nacheinander erst die Wurst, dann den Kürbis und schließlich die Pilze dazu. Salzen Sie. Lassen Sie alles einige Minuten köcheln. Mischen Sie den Ricotta mit 120 Gramm gekochtem Kürbis, Parmigiano Reggiano, Salz, Pfeffer und Muskatnuss. Rollen Sie ein Teigblatt aus, und geben Sie darauf mit einem Spritzbeutel Ringe von 10cm Durchmesser, in deren Mitte Sie einen Löffel Füllung geben. Decken Sie diese mit einem weiteren Teigblatt zu. Schließen Sie die Seiten, und stechen Sie die Ravioli aus. Würfeln Sie den Fontina, lassen Sie ihn mit Milch bedeckt 30 Minuten ziehen. Geben Sie das Ei hinzu und erhitzen Sie auf kleinster Hitze oder im Wasserbad bis das Fondue sämig ist. Kochen Sie die Ravioli in Salzwasser, servieren Sie mit flüssiger Butter, Kürbiscreme und Fondue.

Vorbereitung: 1 Stunde und 30 Minuten Garzeit: 4 Minuten
Schwierigkeitsgrad: mittel

KÜRBISRISOTTO MIT KNUSPRIGEM BACON

Zutaten für 4 Personen

500 g Kürbis
15 ml Extra Vergine Olivenöl
300 g Carnaroli
1 kleine Zwiebel
50 ml trockener Weißwein

1.5 l Gemüsebrühe
100 g Bacon in Scheiben
60 g Butter
80 g geriebener Parmigiano Reggiano
Salz

Zubereitung

Schneiden Sie die Hälfte des Bacons in Würfel, und lassen Sie diese mit den restlichen Scheiben zusammen im Ofen oder der Pfanne knusprig werden. Schälen Sie den Kürbis, und entfernen Sie Kerne und Fäden. Schneiden Sie davon 150 g in 5mm kleine Würfel, den Rest in große Stücke.
Hacken Sie die Zwiebel, und geben Sie ein Drittel davon in einen Topf mit Öl. Braten Sie die Zwiebel an, geben Sie die großen Kürbisstücke hinzu, bedecken Sie alles mit der Gemüsebrühe, und kochen Sie alles circa 15 Minuten bis der Kürbis zusammenfällt, mixen Sie. Unterdessen braten Sie in einem anderen Topf die restliche Zwiebel mit 20 g Butter an und fügen dann die Kürbiswürfel hinzu. Geben Sie den Reis hinein, und lassen Sie ihn glasig ausschwitzen. Gießen Sie den Wein dazu, rühren Sie stetig bis er eingekocht ist, dann fügen Sie die Gemüsebrühe unter ständigem Rühren in kleinen Mengen hinzu.
Wenn der Reis gar ist, nehmen Sie den Topf von Herd, heben die Kürbiscreme (behalten Sie davon eine kleine Menge zurück), die Baconwürfel und die restliche Butter sowie den Parmigiano Reggiano unter. Salzen Sie, und garnieren Sie mit einigen Tupfen Creme und den Baconscheiben.

Vorbereitung: 40 Minuten Garzeit: 16-18 Minuten
Schwierigkeitsgrad: leicht

KÜRBIS-
TORTELLI

ZUTATEN FÜR 4 PERSONEN

Für den Teig
300 g Weißmehl
3 Eier

Für die Füllung
1 kg Kürbis
150 g geriebener Parmigiano Reggiano
50 g zerbröselte Makronen
40 g Mostarda di Cremona
2 Esslöffel Brotkrumen
1 Ei
Muskatnuss
Salz

Für die Soße
80 g Butter
60 g geriebener Parmigiano Reggiano

ZUBEREITUNG

Häufen Sie das Mehl auf die Arbeitsfläche, geben Sie die Eier in die Mitte, und kneten Sie bis der Teig glatt und homogen ist. Wickeln Sie den Teig in Plastikfolie und lassen ihn 20 Minuten ruhen. Schneiden Sie den Kürbis in dicke Scheiben, enfernen Sie die Kerne und backen ihn bei 180°C circa 25 Minuten. Ist er weich, schälen und mixen Sie ihn. Mischen Sie das Kürbispüree, das Ei, den Parmigiano Reggiano, die Makronen, die Mostarda di Cremona, ein wenig Muskatnuss und eine Prise Salz. Ist die Füllung zu flüssig, geben Sie einen oder zwei Esslöffel Brotkrumen hinzu. Rollen Sie den Teig mit der Nudelrolle 1 mm dick aus. Geben Sie circa alle 8 cm einen Klecks Kürbis (circa ein Teelöffel) mit einem Spritzbeutel auf das Teigblatt. Decken Sie diese mit einem weiteren Teigblatt ab. Schneiden Sie die Tortelli mit dem Röllchenschneider zu Vierecken von circa 6 cm Seitenlänge. Verschließen Sie diese gut, damit die Füllung nicht ausläuft. Kochen Sie die Tortelli in Salzwasser, heben Sie sie mit einer Lochkelle heraus, und schwenken Sie sie in einer Pfanne in Butter und Parmigiano Reggiano.

Vorbereitung: 45 Minuten   Ruhezeit: 1 Stunde
Garzeit: 3-4 Minuten   Schwierigkeitsgrad: mittel

KÜRBIS-KASTANIEN-MILCH SUPPE

Zutaten für 4 Personen

500 g Kürbis
1 Liter Milch
250 g Kastanien
1 Fenchelstiel
10 ml Extra Vergine Olivenöl
4 Scheiben Brot
Salz und Pfeffer

Zubereitung

Schälen Sie die Kastanien, und kochen Sie sie mit einem Fenchelstiel circa 15 Minuten in leicht gesalzenem Wasser, dann abgießen.
Unterdessen schneiden Sie das Brot in Würfel, rösten Sie diese einige Minuten im Ofen.
Schälen Sie den Kürbis, entfernen Sie Kerne und Fäden, und schneiden Sie ihn in große Stücke.
Geben Sie diese mit den Kastanien, der Milch und einer Prise Salz in einen Topf, kochen Sie alles kurz auf, und lassen Sies dann auf kleiner Hitze weiterköcheln bis der Kürbis zerfällt. Nun mixen Sie alles (einige Kastanien können zum Garnieren aufbewahrt werden).
Würzen Sie mit frisch gemahlenem Pfeffer und einigen Tropfen Olivenöl, garnieren Sie mit den Croutons.

Vorbereitung: 45 Minuten Garzeit: 30 Minuten
Schwierigkeitsgrad: leicht

HAUPTSPEISEN

KABELJAU
MIT KÜRBIS

Zutaten für 4 Personen

350 g Kabeljaufilets (eingeweicht)
250 g Kürbis
250 ml Milch
50 ml Extra Vergine Olivenöl
50 g Zwiebel
Thymian
1 Knoblauchzehe
Salz und Pfeffer

Zubereitung

Säubern Sie den Kürbis, schneiden Sie ihn in Würfel. Braten Sie ihn mit der Hälfte des Öls, den kleingeschnittenen Zwiebeln, der Knoblauchzehe und ein paar Zweigen Thymian in einem Topf an. Geben Sie den abgetropften Kabeljau in Stücke geschnitten hinzu, bedecken Sie alles mit Milch. Salzen und pfeffern und 5 Minuten kochen lassen. Gießen Sie die überschüssige Milch ab, entfernen Sie Knoblauch und Thymian, und mischen Sie das restliche Öl unter.

Vorbereitung: 20 Minuten Garzeit: 30 Minuten
Schwierigkeitsgrad: leicht

KALBSEINTOPF MIT KÜRBIS

Zutaten für 4 Personen

700 g Kalbfleisch in Stücken
50 g Zwiebel
50 g Sellerie
30 g Extra Vergine Olivenöl
100 ml Weißwein

1 Liter Brühe (Gemüse oder Fleisch)
400 g Kürbis
200 g Kartoffeln
Thymian, Salbei und Majoran
Salz und Pfeffer

Zubereitung

Schälen Sie den Kürbis, entfernen Sie Kerne und Fäden, und schneiden Sie ihn in Stäbchen – behalten Sie 50 Gramm zurück, die kleinzuhacken sind. Schälen Sie Zwieben und Sellerie, hacken Sie beides klein, und braten es mit dem Kürbis und den kleingehackten Kräutern in einem Topf in Öl an. Geben Sie die Kalbfleischwürfel dazu, braten Sie diese ebenfalls an. Salzen und pfeffern. Nun gießen Sie den Weißwein hinein, lassen ihn einkochen und fügen nach und nach die Brühe dazu. Circa eine Stunde kochen lassen. In der Zwischenzeit die Kartoffeln schälen, waschen, klein schneiden und 5 Minuten in Salzwasser kochen. Gießen Sie sie ab, und geben Sie sie zu den Fleischstücken. Nun kommen die Kürbisstäbchen dazu. Weitere 15-20 Minuten kochen lassen.

Vorbereitung: 30 Minuten Garzeit: 1 Stunde und 20 Minuten
Schwierigkeitsgrad: mittel

KÜRBIS UND SEITAN VEGGIE-BURGER

Zutaten für 4 Personen

300 g Kürbis
120 g Provolone
350 g Seitan
25 ml Extra Vergine Olivenöl
Salz und Pfeffer

Zubereitung

Schälen Sie den Kürbis, enfernen Sie Kerne und Fäden, und schneiden Sie ihn in 2-3mm dicke, runde Scheiben. Schneiden Sie den Seitan in vier Scheiben.
Legen Sie die Kürbisscheiben mit Öl bestrichen einige Minuten auf den heißen Grill oder in eine Bratpfanne. Grillen Sie gleichzeitig den Seitan. Salzen und Pfeffern.
Unterdessen schneiden Sie den Provolone in Scheiben.
Belegen Sie die Kürbisscheiben mit dem Seitan und dem Käse.

Vorbereitung: 30 Minuten Garzeit: 5 Minuten
Schwierigkeitsgrad: leicht

KÜRBISCURRY

Zutaten für 4 Personen

600 g Kürbis
15 ml Extra Vergine Olivenöl
100 g Zwiebel
2 Esslöffel Currypulver (oder 50 g Currypaste)
500 ml Milch (oder Kokosmilch)
Salz

Zubereitung

Schälen Sie den Kürbis, enfernen Sie Kerne und Fäden, und schneiden Sie ihn in 1-2 cm große Würfel. Schälen Sie die Zwiebeln, und schneiden Sie sie in Scheiben. Sautieren Sie diese in einer Pfanne mit dem Öl, dann geben Sie das Curry hinzu. Lösen Sie dieses gut auf, und verflüssigen Sie das Ganze mit der Milch. Kochen Sie alles kurz auf, geben Sie dann Kürbiswürfel und Salz hinzu. Lassen Sie das Ganze circa 20 Minuten köcheln, bis der Kürbis weich und die Soße dick genug ist.

Vorbereitung: 15 Minuten Garzeit: 20 Minuten
Schwierigkeitsgrad: leicht

GEBACKENE FRITTATA MIT KÜRBIS UND ROSMARIN

Zutaten Für 4 Personen

8 Eier
400 g Kürbis
50 g geriebener Parmigiano Reggiano
15 ml Extra Vergine Olivenöl
1 Zweig Rosmarin
Salz und Pfeffer

Zubereitung

Schälen Sie den Kürbis, entfernen Sie Kerne und Fäden, schneiden Sie ihn in Stücke, und dämpfen Sie ihn circa 20 Minuten, oder bis er weich ist, aber nicht zerfällt (Sie können auch einen Schnellkochtopf benutzen, 2-4 Minuten Garzeit).
Schneiden Sie ihn in Würfel von circa 2 cm Seitenlänge.
Verquirlen Sie die Eier in einer Schüssel mit dem geriebenen Parmigiano Reggiano, dem Salz, dem Pfeffer und dem gehackten Rosmarin. Fügen Sie dann die Kürbiswürfel dazu.
Geben Sie alles in eine geölte Form und backen Sies im Ofen bei 150°C circa 20 Minuten.

Vorbereitung: 35 Minuten Garzeit: 20 Minuten
Schwierigkeitsgrad: leicht

KÜRBISGEFÜLLTE CHAMPIGNONS

Zutaten für 4 Personen

300 g Kürbis
12 große Champignons
50 g geriebener Parmigiano Reggiano
25 ml Extra Vergine Olivenöl
50 g Schalotte
1/2 Knoblauchzehe
1 Eßlöffel gehackte Petersilie
1 Zweig Rosmarin
1 Zweig Thymian
Salz und Pfeffer

Zubereitung

Schälen Sie den Kürbis, entfernen Sie Kerne und Fäden, und schneiden Sie ihn in circa 2 mm große Würfel. Putzen Sie die Champignons, trennen Sie die Stiele von den Hüten, und würfeln Sie die Stiele wie den Kürbis. Waschen und trocknen Sie die Kräuter. Hacken Sie den Knoblauch und anschließend die Schalotte, den Rosmarin und den Thymian. Erhitzen Sie die Hälfte des Öls in einer Bratpfanne auf mittlerer Hitze, sautieren Sie die Kürbiswürfel mit Salz und Pfeffer. Nehmen Sie den Kürbis heraus und sautieren Sie in derselben Pfanne mit dem restlichen Öl die Champignonwürfel mit den Kräutern, der Schalotte, dem Knoblauch und der Hälfte der Petersilie. Kochen Sie alles circa 2 Minuten, dann fügen Sie die Kürbiswürfel dazu. Lassen Sie es abkühlen, mischen Sie es mit dem geriebenen Parmigiano Reggiano (behalten Sie einen Löffel zurück) und der restlichen Petersilie. Schmecken Sie ab. Füllen Sie die Champignonhüte, und geben Sie den restlichen Parmigiano Reggiano darüber. Im Ofen 10 Minuten bei 180°C backen.

Vorbereitung: 30 Minuten Garzeit: 10 Minuten
Schwierigkeitsgrad: leicht

KÜRBIS-
KALBSROULADEN

Zutaten für 4 Personen

12 dünne Kalbsschnitzel (circa 400 g)
400 g Kürbis
30 g Butter
250 ml Milch
Salz und Pfeffer

Zubereitung

Schneiden Sie vom Kürbis 12 sehr dünne Scheiben ab, den Rest geben Sie in einen Topf mit einer Prise Salz. Bedecken Sie ihr mit Wasser, kochen lassen bis der Kürbis zerfällt, dann mixen Sie ihn. Klopfen Sie die Schnitzel mit dem Fleischklopfer flach, belegen Sie sie mit den Kürbisscheiben, salzen und pfeffern Sie leicht, und rollen Sie sie dann auf. Verschließen Sie die Rouladen mit einem oder mehreren Zahnstochern. Braten Sie die Rouladen mit Butter in einer Pfanne an, gießen Sie die Milch dazu, lassen Sie sie aufkochen, und geben Sie die Kürbiscreme hinein. Salzen und Pfeffern. Kochen Sie alles circa 15 Minuten.

Vorbereitung: 30 Minuten Garzeit: 15 Minuten
Schwierigkeitsgrad: leicht

BEILAGEN

KÜRBIS-KARTOFFEL-KROKETTEN

Zutaten für 4 Personen

400 g Kürbis
400 g Kartoffeln
50 g geriebener Parmigiano Reggiano
2 Eier
Mehl zum Panieren
100 g Brotkrumen
Frittieröl
Muskatnuss
Salz

Zubereitung

Schälen Sie den Kürbis, entfernen Sie Kerne und Fäden, dämpfen Sie ihn circa 30 Minuten bis er weich ist (Sie können auch einen Schnellkochtopf benutzen, 3-5 Minuten Garzeit), und mixen Sie ihn.
Kochen Sie die Kartoffeln in leicht gesalzenem Wasser.
Sind sie gar, zerdrücken Sie sie mit dem Kartoffelstampfer.
Geben Sie beides zusammen und dann den Parmigiano Reggiano und zwei Eigelb hinzu.
Schmecken Sie mit Salz und Muskatnuss ab.
Formen Sie kleine Zylinder, wenden Sie diese in Mehl, dem verquirlten Eiweiß und den Brotkrumen.
Frittieren Sie die Kroketten, lassen Sie sie auf Küchenpapier abtropfen.

Vorbereitung: 50 Minuten Garzeit: 5 Minuten
Schwierigkeitsgrad: leicht

KÜRBISGRATIN

Zutaten für 4 Personen

750 g Kürbis
150 ml frische Sahne
200 ml Milch
10 g Butter für die Ofenform
Salz und weißer Pfeffer

Zubereitung

Schälen Sie den Kürbis, entfernen Sie Kerne und Fäden, und schneiden Sie ihn mit dem Gemüsehobel in dünne Scheiben. Geben Sie die Sahne in einen Topf, und fügen Sie Milch, Kürbis, Salz und weißen Pfeffer hinzu. Kochen Sie alles auf mittlerer Hitze, bis der Kürbis weich ist. Buttern Sie eine Backform, und legen Sie die Kürbisscheiben hinein. Backen Sie sie bei 180°C circa 20 Minuten, bis die Oberfläche golden ist. Lassen Sie sie abkühlen (für einen glatten Schnitt) und schneiden sie in die gewünschte Form. Vor dem Servieren einige Minuten im Ofen bei 180°C erwärmen.

Vorbereitung: 40 Minuten Garzeit: 20 Minuten
Schwierigkeitsgrad: leicht

KÜRBISSALAT
MIT BALSAMESSIG

Zutaten für 4 Personen

350 g Kürbisstücke, gar
(doppelte Menge roh)
1 Beutel gemischter Salat
12 ml Balsamessig
35 ml Extra Vergine Olivenöl
40 g geröstete Haselnusskerne
Salz

Zubereitung

Schälen Sie den Kürbis, entfernen Sie Kerne und Fäden, schneiden Sie ihn in Stücke, und dämpfen Sie ihn circa 20 Minuten, oder bis er gar aber nicht zu weich ist (Sie können auch einen Schnellkochtopf benutzen, Garzeit 2-4 Minuten). Lassen Sie ihn abkühlen, dann schneiden Sie ihn in große Würfel. Für die Zubereitung des Dressings lösen Sie das Salz im Essig auf und mischen dann das Öl unter. Arrangieren Sie die Kürbiswürfel auf den Salat, geben Sie die gehackten Haselnusskerne und das Balsamico-Dressing darüber.

Vorbereitung: 30 Minuten
Schwierigkeitsgrad: leicht

KÜRBIS-MILLE-FEUILLE

ZUTATEN FÜR 4-6 PERSONEN

300 g Kürbis
140 g Mozzarella
120 g geräucherter Scamorza
90 g Kochschinken in dicken Scheiben
25 ml Extra Vergine Olivenöl
Salz und Pfeffer

ZUBEREITUNG

Schälen Sie den Kürbis, entfernen Sie Kerne und Fäden, und schneiden Sie ihn in 5-6 mm dicke Scheiben. Aus diesen stechen Sie mithilfe eines Ausstechers 10 cm große Kreise aus. Legen Sie die mit Öl bestrichenen Kürbiskreise auf den heißen Grill oder in eine Bratpfanne. Salzen und pfeffern. Unterdessen schneiden Sie den Mozzarella und den Scamorza in dünne Scheiben. Stechen Sie nun aus den Käse- sowie aus den Schinkenscheiben mit dem Ausstecher 10 cm große Kreise aus. Türmen Sie die Zutaten abwechselnd übereinander zum Mille-feuille. Vor dem Servieren 5 Minuten im Ofen erwärmen.

Vorbereitung: 30 Minuten Garzeit: 5 Minuten
Schwierigkeitsgrad: leicht

KÜRBISPÜREE

Zutaten für 4 Personen

600 g Kürbis
30 g Butter
20 g geriebener Parmigiano Reggiano
Muskatnuss
Salz

Zubereitung

Schälen Sie den Kürbis, entfernen Sie Kerne und Fäden, schneiden Sie ihn klein und dämpfen Sie ihn circa 30 Minuten, oder bis er sehr weich ist (Sie können auch einen Schnellkochtopf benutzen, Garzeit 3-5 Minuten). Mixen Sie den Kürbis, und geben Sie ihn in eine große Servierschüssel. Geben Sie die Butter und den Parmigiano Reggiano hinzu, würzen Sie mit Salz und etwas Muskatnuss, und servieren Sie.

Vorbereitung: 15 Minuten Garzeit: 30 Minuten
Schwierigkeitsgrad: leicht

POLENTA-KÜRBIS-FORM MIT FONDUE

Zutaten für 4 Personen

Für die Form
350 g Kürbis
250 ml Wasser
125 g Polentamehl
Öl um die Form zu fetten
Salz (grob und fein)

Für das Fondue
100 g Fontina
100 ml Milch
1 Eigelb

Zubereitung

Schneiden Sie den Fontina in Würfel, bedecken Sie diese mit Milch, und lassen Sie sie mindestens 30 Minuten ziehen. Geben Sie das Eigelb hinzu, und kochen Sie das Fondue bei kleiner Hitze oder im Wasserbad bis es sämig ist. Schneiden Sie den Kürbis mitsamt Schale in 3-4 cm dicke Scheiben, und backen Sie ihn auf einem Backblech auf einer Schicht grobem Salz bei 180°C-190°C, bis er sehr weich ist (überprüfen Sie es mithilfe eines Zahnstochers).
Mixen Sie ihn, und wiegen Sie 250 Gramm ab, die Sie in einen Topf mit Wasser und einer Prise Salz geben. Kochen Sie alles auf, und rühren Sie das Polentamehl unter. Lassen Sie die Masse unter häufigem Umrühren mindestens eine halbe Stunde kochen, und gießen Sie dann die Mischung in eine oder mehrere geölte Formen. Glätten Sie die Oberfläche, und lassen Sie sie 10 Minuten ruhen. Dann stürzen Sie die Form auf einen Servierteller. Geben Sie etwas Fondue darüber und servieren Sie sofort.

Vorbereitung: 15 Minuten Ruhezeit: 30 Minuten für das Fondue, 10 Minuten für die Form Garzeit: 30 Minuten Schwierigkeitsgrad: mittel

DESSERTS

KÜRBISKEKSE

Zutaten für 4 Personen

200 g Kürbis
300 g Mehl
150 g Rohrzucker
100 g Butter
1 Ei
1/2 abgeriebene Zitronenschale
Zimt
1 Prise Salz
Rohrzucker zum Verzieren

Zubereitung

Schälen Sie den Kürbis, entfernen Kerne und Fäden, schneiden ihn in Stücke, und dämpfen ihn circa 30 Minuten oder bis er sehr weich ist (Sie können auch einen Schnellkochtopf benutzen, Garzeit 3-5 Minuten), dann mixen Sie ihn und wiegen 100 g ab.
Verrühren Sie die Butter mit dem Zucker, geben Sie das Eigelb, das Mehl und den Kürbis dazu.
Fügen Sie ganz nach Geschmack Zimt, Zitronenschale und eine Prise Salz hinzu.
Geben Sie das Mehl hinein, kneten Sie den Teig rasch, dann wickeln Sie ihn in Plastikfolie und lassen ihn im Kühlschrank eine Stunde ruhen.
Rollen Sie den Teig auf der bemehlten Arbeitsfläche 3 cm dick aus, bepinseln ihn mit Eiweiß, und bestreuen ihr mit Rohrzucker zum Verzieren.
Schneiden Sie den Teig in 1 cm dicke Scheiben. Legen Sie diese auf ein gebuttertes (oder mit Backpapier ausgelegtes) Backblech, und backen sie bei 180°C-190°C circa 20 Minuten.

Vorbereitung: 45 Minuten Ruhezeit: 1 Stunde
Garzeit: 20 Minuten Schwierigkeitsgrad: leicht

KÜRBIS KRAPFEN

Zutaten für 4 Personen

250 g Mehl
125 g Kürbisstücke, gar
(doppelte Menge roh)
6 g Hefe

5 g Zucker
25 g Butter
1 Ei
50 ml Milch

1 Prise Salz
Frittieröl
Zucker zum Verzieren

Zubereitung

Waschen Sie den Kürbis, schneiden Sie ihn in Stücke, und backen Sie ihn bei 180°C circa eine halbe Stunde, oder bis er weich ist. Wird er zu braun, decken Sie ihn mit Alufolie ab. Lassen Sie ihn abkühlen, entfernen Sie Kerne und Fäden, mixen Sie ihn und wiegen 125 g ab. Mischen Sie das Mehl mit dem Kürbis, dem Ei, dem Zucker und der in Milch aufgelösten Hefe. Geben Sie die restliche Milch und zuletzt die Butter (Raumtemperatur) sowie eine Prise Salz hinzu. Kneten Sie den Teig, bis er glatt und elastisch ist. Decken Sie ihn ab und lassen ihn bei Raumtemperatur circa 30 Minuten ruhen. Rollen Sie ihn nun auf einer bemehlten Arbeitsfläche mit dem Nudelholz 2 cm dick aus. Stechen Sie mit einem Ausstecher 10 cm Kreise aus. Legen Sie diese auf ein bemehltes Küchentuch auf ein Blech, und lassen Sie den Teig gehen, bis er sich verdoppelt hat (mindestens eine Stunde).
Frittieren Sie die Krapfen in heißem Öl bis sie golden sind. Nehme Sie sie heraus, lassen Sie sie auf Küchenkrepp abtropfen, dann bestreuen Sie sie mit Zucker.

Vorbereitung: 40 Minuten Gehzeit: 1 Stunde 30 Minuten
Garzeit: 5 Minuten Schwierigkeitsgrad: mittel

KÜRBISMARMELADE

ZUTATEN FÜR VIER 350 ML GLÄSER

750 g Kürbisstücke, gar
(doppelte Menge roh)
700 g Rohrzucker
70 ml Wasser
Saft einer halben Zitrone

ZUBEREITUNG

Schälen Sie den Kürbis, entfernen Sie Kerne und Fäden, schneiden Sie ihn in Stücke, und dämpfen Sie ihn circa eine halbe Stunde, oder bis er weich ist (Sie können auch einen Schnellkochtopf benutzen, Garzeit 3-5 Minuten). Lassen Sie ihn abkühlen, dann mixen Sie ihn und wiegen 750 g ab. Geben Sie den Zucker hinein, lassen Sie alles eine Stunde ziehen, dann gießen Sie das Wasser zu. Alles aufkochen lassen, oben Zitronensaft hinzu geben und weitere 5 Minuten kochen lassen. Gießen Sie die Marmelade in die Gläser, die Sie vorher im Ofen erhitzt haben, verschließen Sie diese und drehen sie auf den Deckel, bis sie abgekühlt sind.

Vorbereitung: 1 Stunde Ruhezeit: 1 Stunde
Garzeit: 5 Minuten Schwierigkeitsgrad: leicht

KÜRBIS-
CRÈME BRÛLÉE

Zutaten für 4 Personen

400 g Kürbis
3 Eier
60 g Zucker
300 ml Sahne
Zimt
Rohrzucker zum Karamellisieren

Zubereitung

Schälen Sie den Kürbis, entfernen Sie Kerne und Fäden und schneiden ihn in Stücke. Dämpfen Sie ihn circa 30 Minuten, oder bis er sehr weich ist (Sie können auch einen Schnellkochtopf benutzen, Garzeit 3-5 Minuten), mixen Sie ihn und wiegen Sie 200 g ab. Verquirlen Sie die Eier in einer Schüssel mit dem Zucker und einer Prise Zimt heben Sie die Sahne und schließlich den Kürbis unter. Gießen Sie die Masse in Förmchen. Lassen Sie diese im Wasserbad im Ofen bei 100°C circa 45 Minuten fest werden. Sind die Crèmes abgekühlt, stellen Sie sie für mindestens eine Stunde in den Kühlschrank. Bestreuen Sie die Crème mit ein wenig Rohrzucker, und karamellisieren Sie sie mit einem kleinen Bunsenbrenner oder unter dem Grill.

Vorbereitung: 45 Minuten Garzeit: 45 Minuten
Ruhezeit: 1 Stunde Schwierigkeitsgrad: leicht

SÜSSE KÜRBISCREME MIT DINKEL UND MAKRONEN

Zutaten für 4 Personen

500 g Kürbis
60 g Dinkel
25 g Zucker
4 Makronen
Milch

Zubereitung

Kochen Sie den Dinkel (im Vorhinein circa 12 Stunden einweichen). Säubern und schneiden Sie den Kürbis, geben Sie ihn in einen Topf, und lassen Sie ihn kochen. Ist er gar, mixen Sie ihn, süßen mit dem Zucker und verflüssigen mit ein wenig Milch. Geben Sie schließlich den abgetropften Dinkel hinzu. Füllen Sie die Creme in Schälchen und lassen Sie sie abkühlen. Vor dem Servieren mit den zerdrückten Makronen bestreuen.

Vorbereitung: 20 Minuten Einweichzeit: 12 Stunden Garzeit: 45 Minuten (30 Minuten für den Dinkel + 15 Minuten für den Kürbis) Schwierigkeitsgrad: leicht

KÜRBISKERNBEISSER

Zutaten für 4 Personen

200 g geschälte Kürbiskerne
200 g Zucker
2-3 Tropfen Zitronensaft
Extra Vergine Olivenöl

Zubereitung

Geben Sie die Kürbiskerne in eine Ofenform, und halten Sie sie bei 50°C im Ofen warm. Mischen Sie Zucker und Zitronensaft in einem Topf – vorzugsweise Kupfer auf keinen Fall Blech – kochen beides, bis Sie einen schönen goldenen Farbton erhalten, und rühren Sie dann die warmen Kürbiskerne mit einem Holzlöffel unter. Ölen Sie ein Marmorbrett, gießen Sie das Karamell darauf. Rollen Sie es mit einer geölten Nudelrolle wenige Millimeter dick aus, und schneiden Sie es, solange es noch warm ist, mit einem großen Messer in Streifen oder brechen es mit der Hand in Stücke, wenn es abgekühlt ist. Bewahren Sie die Beißer in einer luftdicht verschlossenen Dose auf.

Vorbereitung: 30 Minuten Garzeit: 10 Minuten
Schwierigkeitsgrad: mittel

KÜRBIS-PINIENKERN-TORTE

Zutaten für 4 Personen

500 g Kürbis
250 g Mürbeteig
200 ml Sahne
15 g Maisstärke
2 Eigelb

80 g Zucker
50 g Pinienkerne
50 g fertige Dessertgelatine
1/2 abgeriebene Zitronenschale
1/2 Vanilleschote

Zubereitung

Waschen Sie den Kürbis, schneiden Sie ihn in Stücke und backen ihn bei 180°C circa eine halbe Stunde, oder bis er zerfällt. Wird er zu braun, decken Sie ihn mit Alufolie ab. Lassen Sie ihn abkühlen, entfernen Sie Kerne und Fäden, mixen Sie ihn. Verrühren Sie die Eigelb und den Zucker mit dem Schneebesen in einer Schüssel, und geben Sie die Maisstärke unter kräftigem Rühren hinzu. Kochen Sie die Sahne in einem Topf mit der aufgeschlitzten Vanilleschote auf und geben Sie die verquirlten Eigelb mit dem Schneebesen unter ständigem Rühren dazu. Kochen bis die Soße sämig wird. Lassen Sie diese abkühlen, entfernen Sie die Vanilleschote, und geben Sie die Kürbiscreme und die Zitronenschale hinein. Legen Sie den 3 mm dick ausgerollten Teig in eine Springform von 20 cm Durchmesser. Füllen Sie die Kürbismischung hinein, und streichen Sie sie glatt. Bestreuen Sie die Oberfläche mit den Pinienkernen und belegen Sie sie mit Teigsteifen (aus denTeigresten) kreuzweise. Wenn Sie wünschen, bepinseln Sie diese mit Ei, um eine goldeneren Farbton zu erhalten. Backen Sie bei 180°C circa eine halbe Stunde. Lassen Sie den Kuchen vollkommen auskühlen und glasieren Sie ihn mit der Gelatine.

Vorbereitung: 45 Minuten Garzeit: 25-30 Minuten
Schwierigkeitsgrad: mittel

KÜRBISFRAPPÉ

Zutaten für 4-6 Personen

500 g Kürbis
75 g Zucker
150 ml Milch
100 g Eiswürfel
Zimt

Zubereitung

Schälen Sie den Kürbis, enfernen Sie Kerne und Fäden und schneiden ihn in Stücke. Dämpfen Sie ihn circa 30 Minuten, oder bis er weich ist (Sie können auch einen Schnellkochtopf benutzen, Garzeit 3-5 Minuten). Mixen Sie ihn, und wiegen Sie 250 g ab. Lassen Sie ihn abkühlen, dann geben Sie den Kürbis mit dem Zucker, der Milch und einer Prise Zimt in den Blender. Geben Sie die Eiswürfel darüber und mixen Sie. Gießen Sie in Gläser und servieren Sie.

Vorbereitung: 40 Minuten
Schwierigkeitsgrad: leicht

KÜRBISGELEESCHNITTEN MIT STERNANIS

Zutaten für 4 Personen

500 g Kürbis
100 ml Wasser
150 g Rohrzucker
10 g Agar-Agar
Sternanis

Zubereitung

Kochen Sie das Waser auf, geben Sie den Sternanis hinein, und lassen Sie ihn abgedeckt einige Stunden ziehen, dann filtern Sie ab. Schälen Sie den Kürbis, entfernen sie Kerne und Fäden und schneiden ihn in Stücke. Dämpfen Sie ihn circa 30 Minuten, oder bis er sehr weich ist (Sie können auch einen Schnellkochtopf benutzen, Garzeit 3-5 Minuten). Mixen Sie ihn und wiegen Sie 300 g ab. Vermengen Sie alles in einem Topf den Zucker mit dem Agar-Agar, geben Sie die Anis-Infusion dazu, und kochen Sie unter Rühren eine Minute auf. Jetzt geben Sie den Kürbis hinein. Gießen Sie die Mischung in eine Plastikform, um eine einige Zentimeter dicke Schicht zu erhalten. Lassen Sie sie vollkommen auskühlen und schneiden sie in die gewünschte Form.

Vorbereitung: 45 Minuten Garzeit: 1 Minute
Ruhezeit: 2 Stunden Schwierigkeitsgrad: leicht

KÜRBISEISCREME

Zutaten für circa 1 Kilo Eiscreme

500 ml Milch
200 g Kürbismus
(doppelte Menge roh)
110 g Zucker
75 ml Sahne

20 g Magermilchpulver
15 g Dextrose
15 ml Amarettolikör
5 g Eiscremestabilisator
(oder wie vom Hersteller vorgeschrieben)

Zubereitung

Waschen Sie den Kürbis, schneiden ihn in Stücke, und backen Sie ihn bei 180°C circa eine halbe Stunde, oder bis er weich ist. Wird er zu braun, decken Sie ihn mit Alufolie ab. Lassen Sie ihn abkühlen, entfernen Sie Kerne und Fäden, mixen Sie ihn, und wiegen Sie 200 g ab.
Unterdessen erhitzen Sie die Milch in einem Topf auf ungefähr 45-50 °C.
Vermengen Sie den Zucker, die Dextrose, das Milchpulver und den Stabilisator. Schütten Sie alles langsam in die warme Milch. Bringen Sie die Mischung auf 65°C, geben Sie die Sahne hirzu, und pasteurisieren Sie bei 85°C. Kühlen Sie die Mischung rasch auf 4°C ab – gießen Sie sie dafür in eine im Eiswürfelbad stehende Schüssel. Geben Sie die Creme mit dem Kürbismus in einen Blender, mixen sie gut durch und lassen sie bei 4°C sechs Stunden lang ruhen.
Nun geben Sie den Likör hinein und alles in die Eismaschine.
Das Eis ist bereit, wenn es luftig und trocken ist, auf keinen Fall darf es glänzend werden (die Gefrierzeit hängt von ihrer Eismaschine ab).

Vorbereitung: 40 Minuten Ruhezeit: 6 Stunden
Schwierigkeit: mittel

KÜRBIS-MOHN-TASCHEN

Zutaten für 4 Personen

200 g Blätterteig

Für die Füllung
350 g Kürbis
20 g Rohrzucker
10 g Honig
20 g Mohnsamen
20 g Butter
1 Prise Salz

1 Ei zum Bepinseln

Zubereitung

Schälen Sie den Kürbis, entfernen Sie Kerne und Fäden, und schneiden Sie ihn in 2 cm große Stücke. Mahlen Sie grob die Mohnsamen (z.B. mit einer Kaffeemühle), und geben Sie sie mit der Butter in eine Pfanne. Auf kleiner Hitze einige Minuten kochen. Geben Sie nun den Kürbis, den Honig, den Zucker und eine Prise Salz hinzu. Kochen Sie weiter, bis der Kürbis gar ist, ohne zu zerfallen. Lassen Sie ihn abkühlen. Rollen Sie den Teig 5 mm dick aus. Stechen Sie mit einem Ausstecher Kreise von 10 cm Durchmesser aus, die Sie wiederum 2-3 mm dick ausrollen, wobei Sie eine ovale Form erhalten. Bepinseln Sie die Ränder mit etwas verquirltem Ei, geben Sie die Füllung in die Mitte. Verschließen Sie die Taschen, und legen Sie sie auf ein mit Backpapier ausgelegtes Backblech. Bepinseln Sie die Oberfläche mit dem restlichen Ei und backen sie bei 200°C circa 20 Minuten.

Vorbereitung: 40 Minuten Garzeit: 20 Minuten
Schwierigkeitsgrad: leicht

KÜRBIS-APFELSTRUDEL MIT ROSINEN UND NÜSSEN

Zutaten für 6 Personen

300 g Blätterteig

Für die Füllung
450 g Äpfel
300 g Kürbis
60 g Walnüsse
40 g Rosinen
25 g Butter
35 g Rohrzucker
1 abgeriebene Zitronenschale

1 Ei zum Bepinseln

Zubereitung

Schälen Sie den Kürbis, entfernen Sie Kerne und Fäden, und schneiden Sie ihn in wenige Millimeter dicke Scheiben. Schälen Sie die Äpfel, entfernen Sie das Gehäuse, und schneiden Sie sie ebenfalls in Scheiben. Schmelzen Sie die Butter in einer Pfanne, und sautieren Sie den Kürbis. Nach 3-4 Minuten geben Sie die Äpfel hinzu, sautieren einige Minuten weiter und fügen schließlich den Zucker und die Zitronenschale hinzu. Nehmen Sie die Masse vom Feuer, geben Sie die zerdrückten Walnüsse sowie die Rosinen (im Vorhinein 15 Minuten in warmen Wasser eingeweicht und gut abgetrocknet) hinein. Rollen Sie den Teig 2 mm dick zu einem Rechteck aus, geben die Füllung auf die eine Seite des Teiges, bepinseln die Ränder mit etwas verquirltem Ei und verschließen Sie den Strudel. Legen Sie ihn auf ein mit Backpapier ausgelegtes Backblech, achten Sie dabei darauf, dass die Nahtstelle unten liegt. Schlitzen sie die Oberfläche des Strudels mehrmals quer, bepinseln Sie ihn mit dem restlichen Ei und backen Sie ihn bei 180°C-190°C circa 25 Minuten.

Vorbereitung: 1 Stunde Garzeit: 25 Minuten
Schwierigkeitsgrad: mittel

SCHOKO-KÜRBIS-KUCHEN

Zutaten für 4-6 Personen

200 g Mürbeteig
400 g Kürbis
100 g Mehl
80 g Zucker
50 g Butter
1 Ei
16 g Kakaopulver
5 g Backpulver
1 Prise Salz

Zubereitung

Schälen Sie den Kürbis, entfernen Kerne und Fäden, schneiden ihn in Stücke und dämfen ihn circa 10 Minuten – er soll nicht zu weich werden (Sie können auch einen Schnellkochtopf benutzen, Garzeit 2-3 Minuten). Nehmen Sie ein Drittel des Kürbis heraus, lassen Sie den Rest weitere 20 Minuten dämpfen (im Schnellkochtopf 3-5 Minuten).
Den weniger garen Kürbis schneiden Sie in Scheiben, den garen mixen Sie.
Rollen Sie den Teig auf einer bemehlten Arbeitsfläche mit der Nudelrolle 3 mm dick aus und geben ihn in eine gebutterte Springform.
Vermischen Sie kräftig die Butter und den Zucker in einer Schüssel, rühren Sie das Ei, 100 g Kürbismus und Salz unter, dann rühren Sie das Mehl, das Kakaopulver und das Backpulver hinein. Geben Sie die Mischung auf den Teig, die Kürbisscheiben darüber und drücken diese leicht an. Bei 170°C circa 30 Minuten backen, aus dem Ofen herausnehmen und abkühlen lassen.

Vorbereitung: 1 Stunde Garzeit: 30 Minuten
Schwierigkeitsgrad: mittel

KÜRBIS-CHEESECAKE

Zutaten für 4-6 Personen

Für die Creme
250 g Kürbisstücke, gar (doppelte Menge roh)
250 g Ricotta
150 ml Sahne
75 g Zucker
5 g Hausenblase

Für das Gelee
250 g Kürbisstücke, gar (doppelte Menge roh)
75 g Zucker
7 g Gelatine

Für den Boden
50 g Eiweiß
15 g Zucker
40 g Mandeln
40 g Puderzucker

Zubereitung

Schälen Sie den Kürbis, entfernen Sie Kerne und Fäden, schneiden Sie ihn in Stücke, dämpfen ihn bis er weich ist und mixen ihn. Wiegen Sie zwei Teile von je 250g ab. Für das Gelee: Kochen Sie den ersten Teil des Kürbis mit dem Zucker auf und rühren die in kaltem Wasser aufgeweichte und ausgedrückte Gelatine unter. Behalten Sie 3-4 Löffel zurück, geben Sie den Rest in eine runde Form. Gefrieren Sie diese. Für den Boden: Mahlen Sie die Mandeln mit dem Puderzucker sehr fein. Schlagen Sie Eiweiß und Zucker zu Eischnee. Vermischen Sie beides. Geben Sie die Masse auf ein mit Backpapier ausgelegtes Backblech, backen Sie bei 180°C circa 25 Minuten. Für die Creme: Kochen Sie den zweiten Teil des Kürbis mit dem Zucker auf, rühren Sie die in Wasser aufgeweichte und ausgedrückte Hausenblase unter, lassen Sie die Masse abkühlen. Fügen Sie den Käse und die geschlagene Sahne dazu. Legen Sie den Boden in eine 18-20 cm Durchmesser große Form, geben Sie eine Schicht Creme darauf, dann das Gelee und schließlich den Rest der Creme. Gefrieren Sie diese. Vor dem Servieren muss der Kuchen vollständig auftauen, dann gießen Sie das restliche Gelee erwärmt darüber.

Vorbereitung: 1 Stunde Gefrierzeit: 2 Stunden
Schwierigkeitsgrad: hoch

ALPHABETISCHES VERZEICHNIS DER REZEPTE

ALPHABETISCHES VERZEICHNIS DER ZUTATEN

ACADEMIA BARILLA

BOTSCHAFTERIN DER ITALIENISCHEN KÜCHE

Im Herzen Parmas, einer der Hauptstädte der Kochkultur, liegt inmitten der historischen Produktionsstätten der Firma Barilla das Barilla-Center, in dem auch die Academia Barilla untergebracht ist. Gegründet wurde sie 2004, mit dem Ziel, die italienische Kochkunst zu bewahren, die kulinarischen Traditionen der Regionen zu pflegen, sie vor Nachahmungen und Verfälschungen zu schützen und den Wert der italienischen Küche insgesamt zu steigern. So wurde die Academia Barilla zu einem Ort, an dem sich große Professionalität und einzigartige Kompetenzen vereinen. Sie bietet Kochkurse für Fans des guten Essens an, unterstützt Gastronomen und stellt Produkte von hoher Qualität vor. Für ihre kreative Förderung der italienischen Gastronomiekultur erhielt die Academia Barilla im Jahr 2007 die Auszeichnung „Premio Impresa e Cultura". Der Sitz der Institution erfüllt alle Anforderungen eines modernen Weiterbildungszentrums für Ernährung und verfügt außerdem über die nötige multimediale Ausstattung, um große Veranstaltungen beherbergen zu können: Neben einem außergewöhnlichen gastronomischen Auditorium gibt es ein Restaurant, ein polysensorisches Labor und zahlreiche, mit der modernsten Technologie ausgestattete Räumlichkeiten. In der gastronomischen Bibliothek werden über 10.000 Bände rund um Gastronomie und Kochen sowie eine einzigartige Sammlung antiker Rezepte, Speisekarten und Publikationen aufbewahrt. Die Bibliothek kann auch über das Internet konsultiert werden und bietet Zugang zu hunderten digitalisierten historischen Texten. Ihr zeitgemäßer Aufbau und ein Dozenten-Team von internationaler Bekanntheit erlauben es der Academia Barilla, ein vielseitiges Kursprogramm anbieten zu können, das sowohl den Ansprüchen professioneller Gastronomen als auch denen leidenschaftlicher Hobbyköche gerecht wird. Kulturelle Veranstaltungen und Initiativen, an denen Fachleute, Starköche und Gastronomie-Kritiker teilnehmen, bringen einem großen Publikum die Welt des Kochens und der Gastronomie näher. Die Academia Barilla vergibt weiterhin den Preis „Premio Cinema", der Kurzfilmen vorbehalten ist, die sich mit der italienischen Kochtradition auseinandersetzen.

www.academiabarilla.it

WS White Star Verlag® ist eine eingetragene
Marke von De Agostini Libri S.p.A.

Via G. da Verrazano, 15
28100 Novara, Italien
www.whitestar.it - www.deagostini.it

Übersetzung, Redaktion und Producing Deutschland: Free z'be – Paris

ISBN 978-88-6312-163-6
1 2 3 4 5 6 17 16 15 14 13

Gedruckt in China

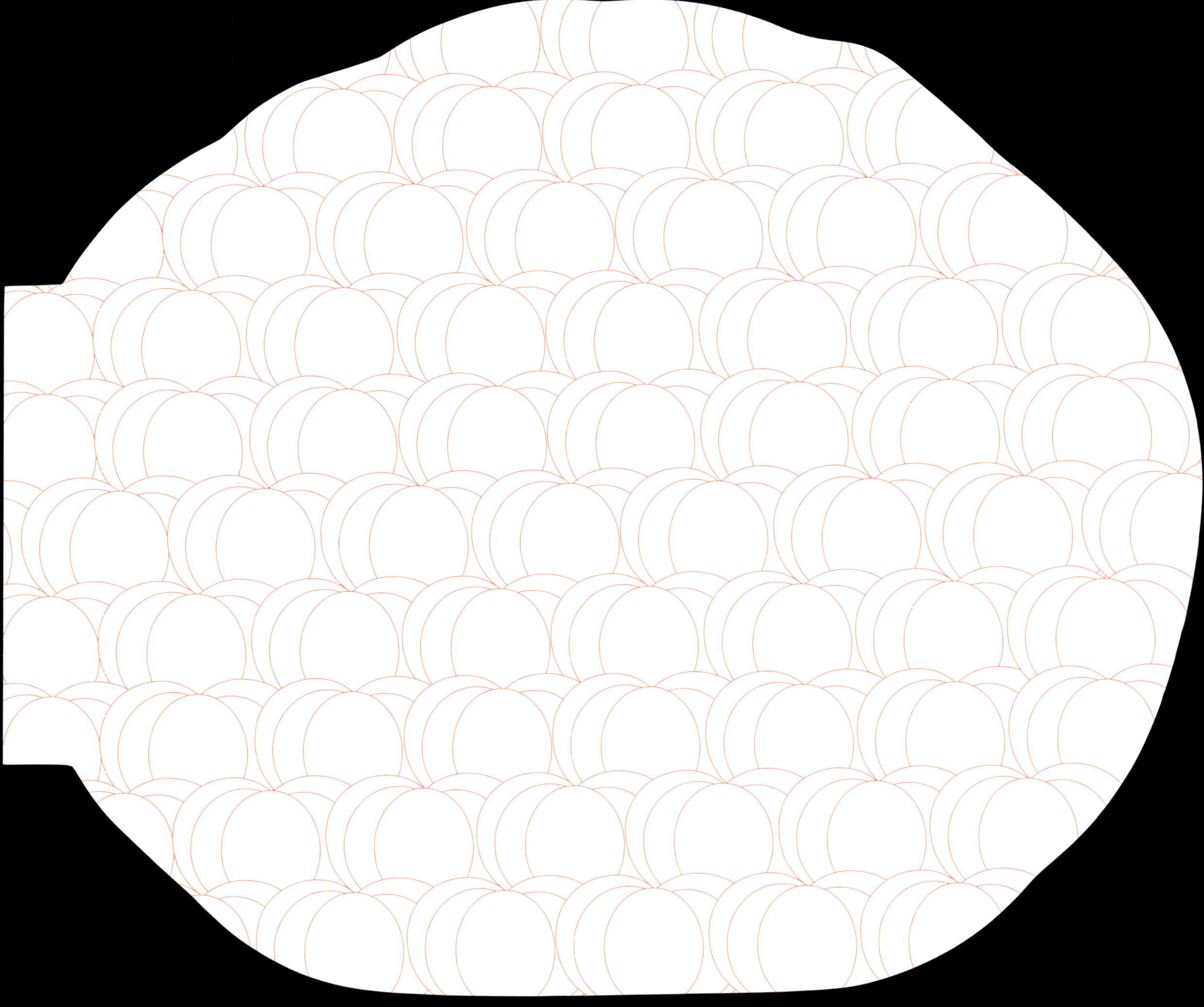

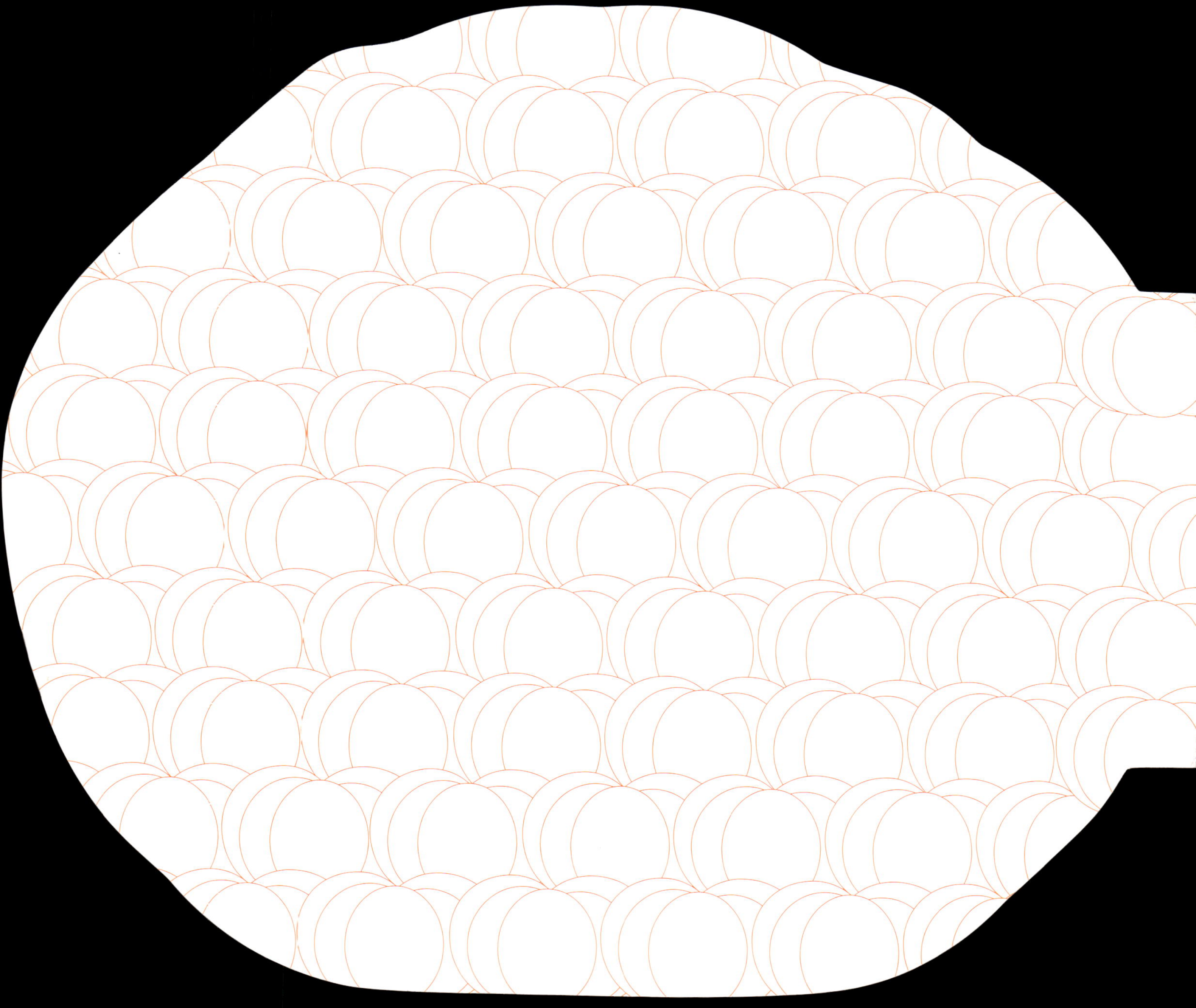